AF242647

M. L. VITET

DE L'ACADÉMIE FRANÇAISE

MAURICE CHÉVRIER

M. VITET

DE

L'ACADÉMIE FRANÇAISE

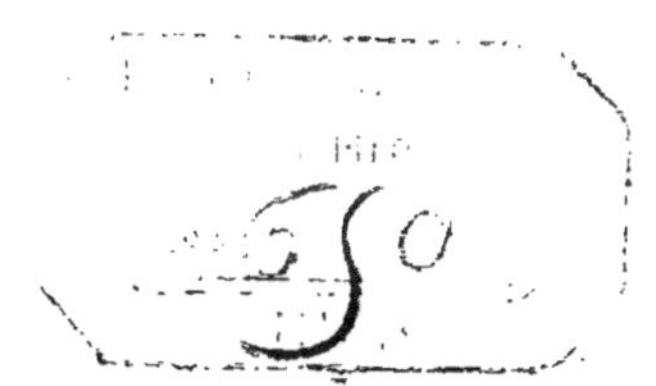

PARIS

IMPRIMERIE JOUAUST

RUE SAINT-HONORÉ, 338

—

1869

AVANT-PROPOS.

———

Le lecteur s'apercevra facilement, aux proportions res-
treintes de cette notice, qu'elle a été spécialement et
uniquement écrite en vue de trois ou quatre colonnes de
journal seulement. De fait, elle m'avait été demandée à
la condition de ne pas dépasser cette mesure, — assurément beaucoup trop exiguë pour un pareil sujet ; — la figure de M. Vitet
est telle, en effet, qu'il était difficile, pour ne pas dire impossible,
d'être à la fois court et complet.

Il est vrai que, depuis, je me suis trouvé libre d'élargir à mon
gré, en le modifiant, le cadre de mon travail. Mais en le remaniant
j'aurais craint d'en détruire l'ensemble et l'harmonie : car il eût
fallu le refondre entièrement et lui donner une étendue beaucoup
plus considérable. J'ai préféré n'y pas changer un seul mot.

Je sais à merveille que, dans ces conditions, cette notice peut
sembler pécher encore par excès d'enthousiasme à ceux qui n'ont
pas assez pratiqué les écrits de M. Vitet, et qui, pour parler
comme le poëte,

> ... Pensent que louer n'est pas d'un bel esprit,
> Que c'est être savant que trouver à redire.

Ma réponse est bien simple : j'avoue sincèrement n'avoir découvert aucune imperfection dans l'œuvre de M. Vitet.

Et le moyen, d'ailleurs, quand on aime les arts, de rester froid devant les signalés services que M. Vitet n'a cessé de rendre à cette noble cause ? Je ne parle pas, bien entendu, de tous ceux qui, comme leur ancêtre M. Jourdain, ne voient dans l'art qu'une petite drôlerie, bonne, tout au plus, à donner aux personnes qui se piquent de paraître connaisseurs le moyen de faire figure parmi les gens du bel air. Malheureusement il y en a beaucoup en France, où l'art est affaire d'agrément, c'est-à-dire de vanité : pour eux, le poëte, aussi bien que l'artiste, n'est guère plus que le bouffon des cours féodales, et ils se font un jeu, comme le dit si justement l'incomparable chevalier dans la Critique de l'École des femmes, « de parler hardiment de toutes choses sans s'y connaître, louant « et blâmant à contre-sens, et ne manquant jamais d'estropier et « de mettre hors de place les termes de l'art qu'ils ont attrapés « par où ils ont pu. »

Quant aux vrais amis de l'art, mon impression leur paraîtra, je l'espère, et juste et sincère. C'est à eux seuls que je me suis adressé.

M. L. VITET

DE L'ACADÉMIE FRANÇAISE

Ce n'est ici qu'un simple crayon, dit Molière au début d'une fine et charmante préface. C'est aussi une simple esquisse que nous voulons tenter ici. Car pour rendre au naturel la vive et spirituelle physionomie de M. Vitet, pour retracer d'une manière complète les phases principales de sa vie si bien remplie, si simple et honnête, constamment vouée au culte du beau et à l'amour du bien public, il faudrait un cadre plus grand, et surtout un pinceau moins inexpérimenté.

Essayons, toutefois, d'indiquer légèrement les traits essentiels de cette noble figure. Aussi bien, il est bon de rappeler de temps en temps à notre génération les hommes qui honorent notre époque, surtout quand à un talent de premier ordre vient s'ajouter pour le couronner dignement, comme chez M. Vitet, un caractère plus recommandable encore.

Cela est urgent aujourd'hui. Les esprits languissent : nous ressemblons à ces plantes longtemps privées d'air, qui bientôt s'étiolent et ne donnent plus que des fleurs mesquines, décolorées, indignes de leur origine. C'est ce que nous savons tous, bien que tous ne l'avouent pas. Mais, par malheur, nos expositions et nos théâtres sont là pour répondre aux plus rebelles et mettre au jour cette triste vérité.

Ne suffit-il pas, pour s'en convaincre, de jeter les yeux sur ce que les lettres et les arts nous ont donné depuis vingt ans ? C'est là, comme en un fidèle miroir, que les mœurs d'une époque viennent se réfléchir exactement. Que voyons-nous ? Les productions vraiment marquantes, celles qui nous ont frappés par un durable éclat, appartiennent presque toutes à la génération qui nous a précédés. C'est qu'elle a eu la fortune de naître sous un ciel plus clément.

Il est superflu d'insister sur la cause de notre abaissement intellectuel. Mieux vaut montrer en raccourci une des figures les plus saillantes de cette glorieuse époque, qui a aimé et pratiqué la liberté, la vie publique, l'art, les lettres, le libre essor de la pensée, en un mot tout ce qui fait l'honneur et la dignité de l'homme.

Puisse-t-elle nous être un salutaire exemple et nous rappeler combien à ce contact les âmes s'élèvent et s'épurent ! Sans mouvement, l'eau devient stagnante : ainsi l'âme humaine.

I

Monsieur Vitet (Louis ou Ludovic), — car c'est un usage lyonnais de donner une tournure latine à un grand nombre de noms propres, — est né à Paris, le 18 octobre 1802, d'une famille fort ancienne qui avait occupé à Lyon les charges les plus importantes. Presque tous ses ancêtres s'étaient distingués dans la médecine, et M. Vitet est le premier de sa race qui n'ait pas porté ses études de ce côté. Son père même, malgré la répugnance instinctive qu'il éprouvait à la vue d'une table de dissection, avait consenti, par égard pour ses parents, à embrasser la carrière médicale; mais il n'avait jamais exercé, s'étant borné à tourner tous les efforts d'un esprit extrêmement cultivé vers l'éducation de son fils. Quant au grand-père de M. Vitet, il avait joué un rôle politique considérable. Après avoir succédé à M. Nivière, comme maire de Lyon, pendant les dernières années du règne de Louis XVI, il avait figuré aux Assemblées politiques, et, plutôt que de revêtir les livrées impériales, avait préféré continuer modestement à Paris l'exercice de sa profession de médecin. C'est ainsi qu'il a terminé une longue et honorable carrière.

M. L. Vitet fit d'abord son droit, puis son stage d'avocat à la Cour royale de Paris, jusqu'au jour où il se joignit à la rédaction du *Globe*.

On sait le rôle qu'a joué le *Globe* dans les années qui pré-
cédèrent la chute de Charles X, et comment ce recueil, des-
tiné d'abord à n'être qu'un simple journal d'informations,
devint bientôt entre les mains de ses fondateurs, Théodore
Jouffroy et M. Dubois, un des organes les plus éclairés et les
plus puissants de la presse. Il suffit de citer les noms de
quelques-uns de ses rédacteurs : MM. de Rémusat, Vitet,
Sainte-Beuve, Duvergier de Hauranne, Ampère, Duchâtel.
Augustin Thierry même y a écrit quelquefois à l'époque où
il imprimait à l'étude de l'histoire ce mouvement qui a
donné déjà de si beaux résultats. Mais M. Vitet se retira du
Globe dès que, s'écartant de l'esprit qui avait présidé à sa
fondation, il tomba aux mains des saint-simoniens.

La plupart des articles de critique d'art que M. Vitet a
écrits pour le *Globe* ont été réunis par lui dans les volumes qu'il a publiés depuis, et dont nous parlerons tout à
l'heure.

Cette nouvelle école, pleine de jeunesse, de force, d'enthousiasme, réfléchie autant que prudente dans ses recherches, alliant le goût du passé aux préoccupations de l'avenir,
marchait à la conquête du vrai sous toutes ses formes; elle
admirait le beau dans chacune de ses manifestations, enfin
elle comprenait à merveille que la transformation qui s'était
faite dans les esprits depuis 1789 avait préparé les voies
d'une politique nouvelle. On peut le dire avec assurance et
sans crainte d'exagération, cette phalange intrépide qui
combattait aux premiers rangs de la presse, pendant que
MM. Villemain, Cousin, Guizot, entraînaient la jeunesse
au pied de leurs chaires, a singulièrement contribué au
grand mouvement littéraire qui a jeté sur la France un si vif
éclat. C'est elle qui a donné le branle, les autres ont suivi
l'impulsion, et ce sera l'honneur de la Restauration d'avoir
provoqué et favorisé par ses tendances libérales le réveil de
la pensée, si longtemps comprimée par le premier empire.

Brillante époque! grands souvenirs! Il est beau d'éclairer ainsi la marche de ses contemporains et d'ouvrir les chemins de l'avenir. Ce que nous savons aujourd'hui, nous le devons à ces efforts sincères et persévérants.

En même temps M. Vitet prenait place, avec M. Guizot et M. de Barante, dans les rangs de la célèbre société *Aide-toi, le ciel t'aidera*. C'était en 1827, et il s'agissait de devancer M. de Villèle, qui préparait en secret ses élections fameuses. M. Vitet retrouvait dans cette société la plupart de ses amis, depuis signataires, comme lui, de la protestation contre les Ordonnances, ses émules, tous ceux enfin qui avaient partagé avec lui les mêmes travaux, les mêmes espérances. Aussi il y conquit de prime abord une place éminente que l'avenir ne tarda pas à confirmer.

C'est durant cette période, en 1826, que M. Vitet publia son premier ouvrage, *les Barricades*, qui opéra une véritable transformation dans la manière d'envisager l'histoire.

Déjà avant lui le président Hénault avait regretté de ne voir dans l'histoire qu'un récit froid et trop souvent confus. « L'histoire, disait-il, peint froidement, par rapport à la tra-« gédie, une suite longue et exacte d'événements; au con-« traire, la tragédie, vide de faits par comparaison avec « l'histoire, ne peint fortement que le seul événement qu'elle « a entrepris de nous représenter. Ne pourrait-il pas résul-« ter de leur union quelque chose d'utile? »

Ce que demandait le président Hénault M. Vitet le tenta, nous savons avec quelle intuition du passé et quel bonheur d'expression. Rien ne manque à ces récits mis en action, qu'il faut bien se garder de confondre avec un drame historique. Ils nous peignent une des époques les plus curieuses, les plus pittoresques de notre histoire, et il y a plaisir à retrouver ainsi, d'un seul coup et dans toute sa vivacité première, l'image du temps passé, avec ses personnages, sa mise en scène, cette poésie intérieure que recèle l'histoire et que peu de gens peuvent goûter, puisqu'il faut, pour le saisir, secouer la poussière des vieilles chroniques et interroger les froids monuments du passé.

Le succès répondit aux espérances de l'auteur : l'année suivante, 1827, il nous fit assister aux États de Blois et, en 1829, à la mort d'Henri III.

Ces trois compositions historiques ont été réunies, en 1844, en deux volumes, sous ce titre : « *La Ligue.* »

Il semble qu'on reconnaisse, rien qu'au choix de ses premiers ouvrages, les tendances qui portent M. Vitet vers l'art. C'est au XVIe siècle qu'il s'adresse. Y a-t-il, en effet, dans notre histoire un moment mieux fait pour séduire une âme d'artiste? La nuit du monde féodal s'effaçant devant l'aurore d'un monde nouveau, la pensée humaine affranchie par les grandes découvertes, l'imprimerie lui donnant un essor incalculable, le choc des passions les plus diverses et les plus exaltées, la recherche enthousiaste du beau, tout concourt à captiver l'esprit. Meyerbeer l'a bien compris.

Aussi, voyez comme M. Vitet s'y complaît : il n'y a pas jusqu'à ces costumes, dont l'élégance passait encore la richesse et qui relevaient si bien l'éclat de la Cour des Valois, qu'il n'ait étudiés, expliqués jusqu'au moindre détail. Évidemment, sa prédilection marquée pour cette brillante période décèle la faculté maîtresse de son esprit, l'amour du beau uni au goût le plus exquis.

Pour s'en assurer, on n'a qu'à lire la notice qu'il a publiée sur les ajustements des principaux personnages qui ont figuré *à la journée des barricades*, l'introduction placée en tête de l'ouvrage, dans laquelle il fait à grands traits l'histoire de la presse jusqu'à nos jours, tout en indiquant de main de maître le profit que l'historien et l'artiste peuvent tirer, chacun de leur côté, des matériaux fournis par la presse; enfin, une étude sur un tableau de Clouet publiée il y a quelques années dans la *Revue des Deux*

Mondes : c'est un chef-d'œuvre de justesse et de clair-voyance.

Arrive la Révolution de 1830, amenée par les fautes du pouvoir. M. Vitet entre alors dans la vie publique avec M. Guizot et les principaux rédacteurs du *Globe*. Ils ont formé ce que l'on a appelé depuis l'école des doctrinaires.

Nous allons voir aussitôt le sens fin et délicat de M. Vitet s'exercer sur des sujets dignes de lui ; et il est assurément peu d'hommes en France qui aient autant mérité des arts, de la science historique, bien plus, de la patrie.

Nul n'a pris, en effet, une part plus large (nous serions tenté de dire aussi large) dans la sollicitude qui a veillé sur nos vieux monuments nationaux et les a sauvés, pour la plupart, d'une ruine assurée.

Nommé, en 1831, inspecteur des monuments historiques, — place créée par lui, — puis, président du comité chargé de leur conservation, on sait avec quel zèle infatigable, quel tact, il s'est appliqué à remplir ces délicates fonctions, qu'on est trop enclin à considérer aujourd'hui comme de véri-tables sinécures, semblables à ces canonicats dont on grati-fiait jadis des jeunes gens, même des enfants de douze ans, ainsi Calvin.

Mais M. Vitet n'est pas homme à en user de la sorte ; il s'est mis tout entier à l'œuvre. Son ardeur, sa perspicacité, s'étendent à tout. Il faut lire, pour s'en convaincre, le beau rapport qu'il rédigea en 1831, à la suite d'une tournée dans le nord-est de la France. On demeure confondu devant la sû-reté de son jugement, son active prévoyance, et, pourquoi ne pas le dire en passant, devant ces spirituelles saillies qu'il ré-pand à pleines mains. Car il sait jeter des fleurs sur tout ce qu'il touche, même sur les sujets les plus arides. Rien d'a-musant, par exemple, comme l'histoire du bedeau de Saint-Géry à Valenciennes. On le voit se rengorger pour faire à Rubens les honneurs d'une stupide mutilation, tout en

écorchant la peinture du maître à grands coups d'éteignoir.
C'est du meilleur comique. De même, on s'indigne avec
M. Vitet du vandalisme incroyable des architectes chargés
d'ordonner le sacre de Charles X. Dans la prévision que
l'enthousiasme du peuple, joint aux décharges d'artillerie,
pourrait ébranler l'air, ils avaient imaginé de casser les têtes
d'un grand nombre des statues qui décorent la cathédrale de
Reims, autant de chefs-d'œuvre du XIII⁰ siècle, — c'est
l'âge d'or de notre sculpture nationale, — tant ils crai-
gnaient de voir ces têtes tomber sur celle du roi. On n'est
pas plus grotesque, ni plus barbare.

Et dire que de pareilles monstruosités se reproduisent encore de nos jours, malgré les progrès qu'ont faits les esprits,
en dépit du Comité des monuments historiques! Témoin
les allées de Karnac, chose unique au monde, et qui, aujourd'hui, n'existent plus.

Cependant M. Vitet veille à tout : bibliothèques, musées,
archives, écoles de dessin, de musique, églises de villages,
forteresses féodales, il visite tout. Il monte dans les gre-
niers pour y chercher des tapisseries de Flandre, il remarque
à ses pieds des dalles curieuses qui bientôt s'effaceront com-
plétement, il plaide pour un manuscrit de Fénelon que con-
voite l'Angleterre, il fait prendre des empreintes de tout ce
qui le frappe, bref rien ne lui échappe. Ajoutons que c'est
à lui que nous devons la conservation du château de Coucy,
monument qui, peut-être, n'a pas d'égal en Europe, et de
bien d'autres ruines célèbres qu'il serait trop long d'énu-
mérer ici.

Il est juste de dire que M. Duchâtel, qui alors était au
Ministère, favorisa de tout son pouvoir le zèle pieux avec
lequel M. Vitet relevait ainsi l'héritage de nos pères. Mais
peut-être serait-il bien hasardé de dire, comme nous l'avons
entendu dernièrement, que tout l'honneur en revient à
M. Duchâtel.

En effet, M. Vitet était depuis 1834 secrétaire général du Ministère du Commerce (avec M. Duchâtel), et chacun sait que les victoires ne sont jamais gagnées que par le commandant en chef de l'armée.

Ses aptitudes si diverses, sa consciencieuse application à ne rien négliger, sa remarquable diction, son style si souple qu'il se prête également bien à tous les sujets, tout désignait M. Vitet à une brillante carrière politique. Dès 1836 il entre au Conseil d'État, où il est resté jusqu'en 1848. De 1846 à 1848 il y a rempli les fonctions de vice-président de la section des finances. Tous ceux qui ont eu le bonheur de l'approcher pendant qu'il prenait une part si active aux affaires de l'État en ont gardé le souvenir.

Mais ce n'est pas tout : en même temps M. Vitet siégeait à la Chambre des députés. En 1834 il avait été élu par le collége de Bolbec (Seine-Inférieure), qu'il représenta jusqu'en 1848.

Il serait trop long de relater les principaux actes de sa vie politique. Contentons-nous de dire qu'il a constamment voté avec le parti conservateur, de concert avec M. Guizot; qu'il a été plusieurs fois choisi par l'Assemblée comme rapporteur soit de l'Adresse, soit de lois importantes, ainsi en 1844 de la loi sur les patentes, et qu'il a déployé dans ces discussions les connaissances pratiques d'un homme d'affaires consommé, absolument comme s'il n'était pas un des premiers écrivains de notre temps.

Enfin, en 1849, M. Vitet, qui d'abord avait échoué à l'Assemblée constituante, fut chargé de représenter la Seine-Inférieure à l'Assemblée législative, où il appuya de son vote les tendances de la majorité pour contenir dans de prévoyantes limites les institutions républicaines, jusqu'au jour où il fut violemment arraché de son siége et arrêté à la mairie du dixième arrondissement, au sein de la réunion qui l'avait choisi pour vice-président en l'absence du président de l'Assemblée. Le président était M. Dupin, alors investi également de ces belles fonctions qui font du procureur général près la Cour de cassation — comme l'a si bien dit M. Troplong en installànt M. Delangle — *le vigilant défenseur de la Loi*. M. Dupin était resté chez lui.

C'est ainsi que M. Vitet fut rendu à la vie privée.

Il est aisé de comprendre la réserve que nous impose la prudence quand nous avons à retracer ces pénibles souvenirs.

Mais ce que personne ne pourra nous empêcher de proclamer, c'est la noble attitude que M. Vitet a su garder dans sa retraite. Fidèle à ses convictions, il a dédaigné les dévouements les mieux récompensés et s'est fièrement retranché sur ces imposantes hauteurs dont parle le poëte romain, d'où les hommes paraissent si petits :

> *.... templa serena*
> *Despicere unde queas alios...*

Il s'est exclusivement voué à ce qui avait fait la passion et le charme de sa vie : c'est l'étude, la contemplation du vrai et du beau, le commerce assidu avec les chefs-d'œuvre de l'esprit humain dans les lettres et dans les arts.

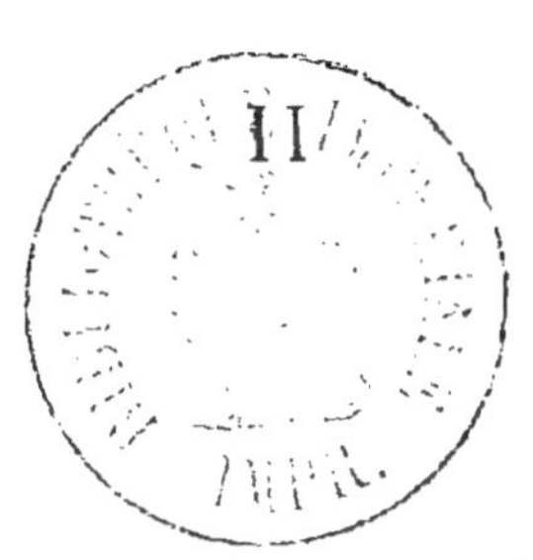

our grande qu'ait été cette carrière politique, si complète qu'un autre en pareil cas n'eût demandé que le repos, M. Vitet n'a pas abandonné un seul instant à ses heures de loisirs les chères études auxquelles il devait ses premiers succès comme ses plus précieuses jouissances. « Restez fidèle au culte des Lettres, » dit excellemment M. Prévost-Paradol, dans ce style à la fois noble et exquis dont il a, lui aussi, le secret; « plus vous les connaîtrez, plus « vous aimerez la justice et l'honneur, plus vous serez « éloigné de tout ce qui pourrait émousser votre sens « moral et affaiblir la dignité de votre âme. » N'est-ce pas là, en deux coups de pinceau, tout le portrait de M. Vitet?

Nous avons tenté d'esquisser l'homme public, tout en insistant légèrement sur le premier ouvrage qui l'avait fait connaître. N'était-il pas juste de montrer la porte qu'il avait franchie pour entrer dans la lice?

Il reste maintenant à parler aussi brièvement que possible de l'écrivain, du savant, de l'artiste, et à passer rapidement en revue les principales productions qui ont porté si haut sa renommée.

Ce style si acéré, si subtil, qu'il pénètre tout, si flexible qu'il se joue des sujets les plus ardus, des difficultés les plus inextricables, cette vigueur et cette précision dans la touche, cette mesure parfaite, enfin ce sentiment de l'unité dans la composition, qui est la maîtresse loi de l'art, — sans elle l'œuvre n'est que confusion ou indigence d'imagination, — qui de nous ne les a goûtés? Peut-on se dérober au charme? *Le Français qui les vante n'apprend rien à l'étranger,* disait le grand panégyriste en parlant des victoires du prince de Condé. Véritablement, n'en pourrait-on pas dire autant de ces qualités à la fois brillantes et solides qui distinguent les écrits de M. Vitet et qui ont assuré à la France des victoires moins retentissantes sans doute, mais victoires pacifiques, durables, fécondes?

Ce serait cependant méconnaître un des côtés les plus saillants de ce rare esprit que de passer sous silence la clarté qui lui est naturelle. *Ce qui n'est pas clair n'est pas Français,* et ce mot de Rivarol, nul ne le justifie mieux que M. Vitet.

Traite-t-il des questions rebutantes pour les gens du monde, parle-t-il des termes techniques de la musique, de l'architecture, de la paléographie, c'est avec une lucidité si parfaite, une simplicité telle qu'il semble nous conduire comme par la main dans ce dédale dont il tient le fil et qu'il connaît jusque dans ses moindres détours; à ce point que le lecteur, ravi d'avoir si bien compris, en vient presque à trouver tout naturel le chemin qu'il a fait. C'est bien là le comble de l'art.

Ajoutez à cela la richesse de l'érudition, la sûreté du goût, un tact à toute épreuve joint à une délicatesse d'expres-

sion qui rend tout jusqu'aux moindres nuances, et vous
comprendrez ce que peut la critique en de telles mains.

« La France a toujours été le pays de la critique par ex-
« cellence : clarté, justesse, mesure, finesse d'observation,
« sentiment exquis des convenances, nous avons toutes les
« qualités qui constituent la critique, et il n'est pas jusqu'à
« nos défauts qui ne nous servent dans ce rôle. Ce qui nous
« manque en effet du côté de la poésie et de l'imagination,
« nous l'avons surabondamment du côté de l'esprit, et la
« vieille ironie gauloise, si elle est souvent hostile à l'enthou-
« siasme, est au moins une arme toute prête contre le mau-
« vais goût. »

Cette judicieuse appréciation d'un homme qui, par lui-
même, est un critique si éminent (l'auteur de la *Gram-
maire des arts du dessin*, M. Charles Blanc), montre à
merveille en quoi consiste la supériorité de M. Vitet : c'est
qu'il a toutes les qualités du caractère français, mais non
pas les défauts.

Ceci dit, il n'y a plus qu'à citer les ouvrages où M. Vitet
a fait l'application de ces précieuses qualités.

Nous avons vu plus haut qu'avant son entrée dans la vie
politique, il avait, dans ses *Scènes de la Ligue*, inauguré un
nouveau mode de présenter l'histoire. Nous n'y revien-
drons pas : M. Mérimée et d'autres à sa suite ont bien fait
voir que ce chemin ne laissait pas d'avoir son attrait. Maintenant c'est à l'érudition la plus minutieuse que s'adresse
M. Vitet. Dès 1838 l'Académie des inscriptions et belles-
lettres l'avait admis comme membre libre, et le *Journal
des Savants* ne tarda pas à lui ouvrir ses colonnes.

Déjà en 1833 M. Vitet avait publié une *Histoire de
Dieppe* fort curieuse. Cet ouvrage était comme le premier
anneau d'une chaîne destinée à relier les annales de toutes

les villes de France. Combien ne faut-il pas regretter que cette vaste entreprise n'ait pas abouti ! A la même époque, si nous avons bonne mémoire, Charles Nodier et M. le baron Taylor avaient tenté pareille chose à un autre point de vue. Il s'agissait de la description pittoresque et archéologique de nos anciennes provinces. Quelques-unes seulement, croyons-nous, comme la Franche-Comté et l'Auvergne, ont été produites au jour. Dans cette histoire de Dieppe, M. Vitet a eu l'heureuse fortune de publier des documents entièrement nouveaux sur les relations de la marine de la ville avec les pays encore inexplorés : il en résulterait que les marchands de Dieppe avaient mis le pied en Amérique avant les Espagnols.

Il faut, malgré nous, omettre plus d'une page intéressante pour arriver à une étude publiée en 1841, qui a d'emblée captivé l'attention publique. Nous voulons parler de l'étude sur Eustache Lesueur. Ce n'est pas trop dire que de mettre cette monographie au rang des choses les plus accomplies qu'ait produites la critique moderne; et si l'on voulait se faire tout de suite une juste idée de l'éminent écrivain que nous essayons de caractériser, nous n'hésitons pas à dire qu'il faudrait commencer par lire cet ouvrage approfondi, nourri de faits, rempli de renseignements historiques et biographiques du plus haut intérêt, où l'on sent percer à chaque page la foi du chrétien et celle de l'artiste.

Dans un autre genre, la monographie de l'église de Notre-Dame de Noyon, publiée en 1845, est un modèle. Il serait à souhaiter que tous ceux qui se livrent aux recherches archéologiques pussent l'étudier à loisir, s'en pénétrer et, par là, se convaincre que la véritable science n'exclut ni la netteté des idées, ni la pureté et la fermeté du style.

C'est alors, en 1845, que M. Vitet entra à l'Académie française, où il succédait à Soumet. Son discours de réception a dû produire beaucoup d'impression, à en voir le tour aisé autant que modeste, la franche simplicité. Mais que n'aurions-nous pas dit en entendant l'orateur lui-même, et après lui M. Molé, qui le recevait? Personne ne dit mieux que M. Vitet : c'est proprement l'orateur académique. Aussi compte-t-il parmi les plus considérables de l'illustre compagnie. Art consommé dans le débit non moins que dans la manière de présenter le sujet, grâce et finesse du détail, traits heureusement ménagés, il met tout en œuvre pour captiver l'auditeur, de sorte que, malgré soi, l'on se sent subjugué par cette parole si naturelle à force d'habileté. Si nous en jugeons par la seule fois que nous ayons eu la bonne fortune d'entendre M. Vitet à l'Académie française (il recevait M. de Laprade), personne ne saurait oublier de pareils souvenirs. De même les paroles prononcées sur la tombe de Musset, les réponses à M. Jules Sandeau, au P. Gratry, les discours sur les différents prix dont dispose l'Académie, sont des modèles du genre académique et font éprouver au lecteur le plaisir le plus délicat du monde.

C'est donc la critique, dans ses diverses applications, qui fait le fond de l'œuvre de M. Vitet, et nous savons que, dès sa jeunesse, il s'était particulièrement adonné à la critique d'art. Ses études dans ce genre, jointes à divers essais, ont paru, dans différents recueils, sous ces titres : *Fragments et mélanges, études sur les beaux-arts, essais historiques et littéraires,* et principalement dans les quatre séries qu'il a publiées sur *l'Histoire de l'Art.*

Il serait impossible, à moins de citer tout, de parler comme il convient de ces travaux si divers et surtout parfaits. Il faut les lire et non les analyser. Qu'il nous soit cependant permis de dire que l'auteur reste constamment digne de lui-même, soit qu'il pénètre dans notre littérature féodale, — on ne se lasse pas, par exemple, de lire son étude sur *la Chanson de Roland,* — soit qu'il approfondisse les plus curieuses périodes de l'histoire moderne, — ainsi la révolution d'Angleterre, la Convention, — soit enfin qu'il traite le sujet qui semble avoir ses préférences, l'art dans toutes ses branches, aucune ne lui est inconnue : musique, gravure, sculpture, architecture, peinture, il embrasse tout d'un coup d'œil également sûr. Témoins ces savantes recherches sur la musique au moyen âge et sur les *Neumes*, (notations musicales antérieures au XIe siècle), et ces appréciations aussi justes que profondes sur la musique contemporaine. Que dire aussi de ces pages véritablement achevées — et dignes d'Athènes — qui nous parlent tour à tour d'Ary Scheffer, de l'architecture anglaise, de Delacroix, des Nielles, de la décoration des jardins, etc., etc.

Il nous est interdit, pour être court, d'entrer dans le détail des autres publications de M. Vitet, ainsi *Les États d'Orléans*, scènes historiques analogues à celles de la Ligue et publiées en 1849, l'*Histoire de l'Académie royale de peinture et de sculpture*, publiée en 1861, etc., etc.

Mais, — et c'est là une dette personnelle que nous avons à cœur d'acquitter, — il ne nous est pas possible de taire, en finissant, que M. Vitet a vaillament défendu le grand art, les saines et véritables traditions, dans deux études des plus remarquables, d'abord contre les caprices d'une réglementation à outrance bien faite pour précipiter la décadence de notre École des Beaux-Arts, en second lieu, contre l'envahissement de cette architecture de maçon prétentieux, à la fois mesquine et lourde, heurtée, incohérente, faite de pièces et de morceaux disparates, uniquement destinée à tirer l'œil de la foule en la frappant par les tons les plus criards. Ce style, si tant est qu'on lui puisse donner ce nom, caractérisera l'époque actuelle. Serait-ce pas ce qui a valu à son infatigable promoteur l'entrée de l'Académie des beaux arts ?

Il resterait, pour terminer cette légère et trop insuffi-

sante ébauche, à parler de l'homme lui-même. Mais, nous
nous ne connaissons de cet esprit délicat et charmant que ce
que révèlent ses écrits. Au reste, cela suffit : M. Vitet s'y
est peint tout entier, et l'on peut justement dire, après l'a-
voir lu, ce que Pascal disait du style naturel : on demeure
étonné et ravi, parce qu'au lieu d'un auteur on a trouvé un
homme.

OCCVPA PORTVM
IOV AVST

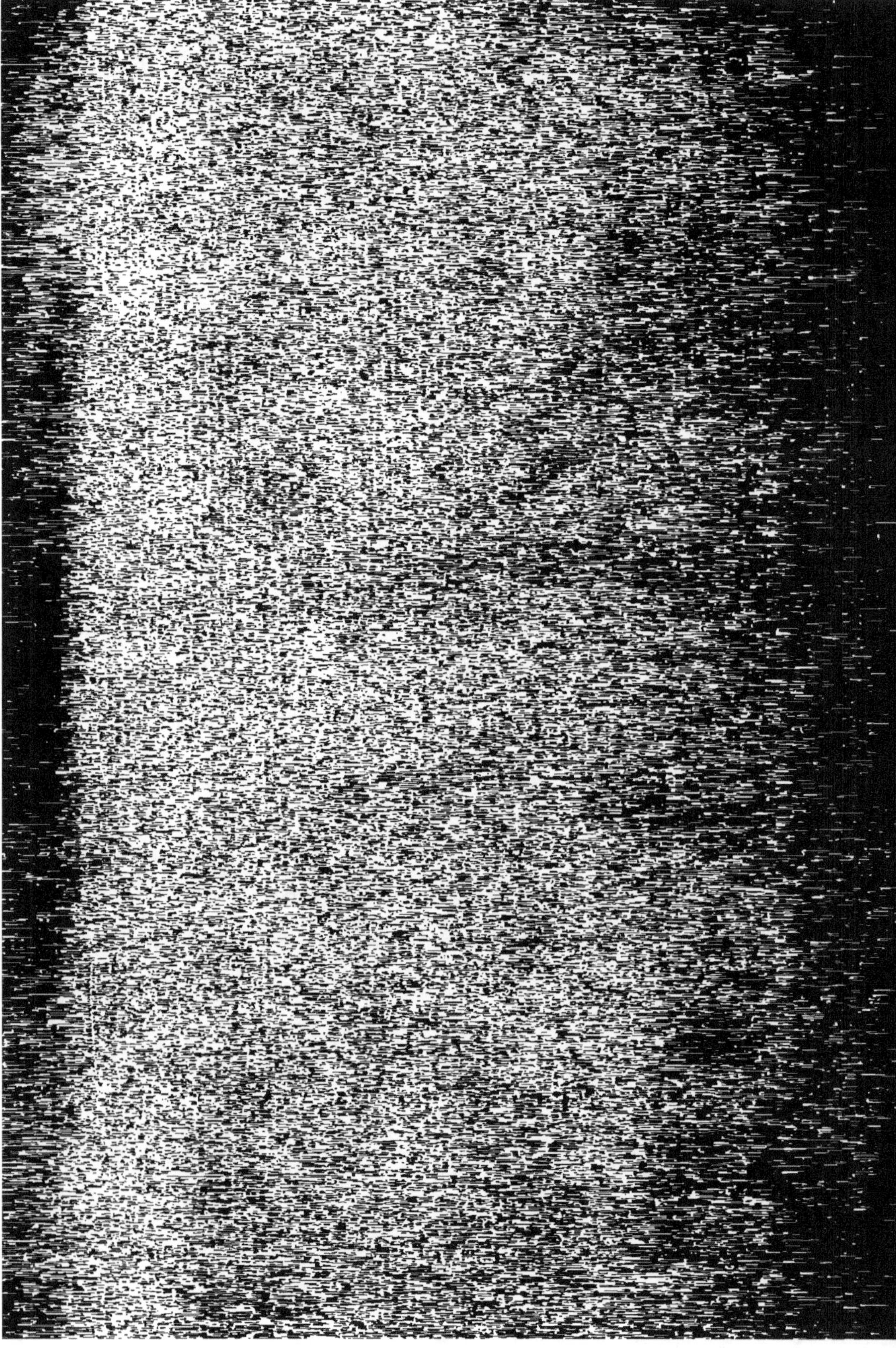